Vende más…
¡Vende desde el SER!

Coaching, el UPDATE de las Ventas

Carlos Vera

Primera Edición

Categoría:
Ventas, Coaching

Colaboradores:
Servicio ACE – ACCA

ISBN: 9781692829865
Imprint: Independently published

Facebook: Carlos Vera
Instagram: Carlos Vera
Correo: info@carlosvera.net
Web: carlosvera.net

AGRADECIMIENTOS

Antes del *UPDATE* quiero agradecer, en primer lugar, a Dios Todopoderoso, porque con Él todo se puede.

Agradezco a mi esposa y a mi familia por todo el apoyo.

A mi querido *Team Veritas* (mis 4 hijas), Stephanie, Karenise, Karla y Kamila. Ellas son mi tesoro más preciado.

A la *Academia de Coaching y Capacitación Americana*, que me ha brindado un banco de recursos increíbles.

A mi mentora Jacqueline Betancourt, quien ha sido para mí clave en mi desarrollo, pues nunca me soltó de la mano y desde el primer día creyó en mí.

A todo el equipo de mentores de la academia, a quienes considero increíbles.

A mi amiga Coach y Pastora Wendy Bretón, quien me vistió de poder en este proceso.

ÍNDICE

INTRODUCCIÓN

A través de los años, se ha considerado a la carrera de ventas como una actividad en la que, con pocos estudios y algo de experiencia previa, es posible ganar gran cantidad de dinero. Una carrera de fácil acceso, donde lo único que se necesita es estar presentable y dispuesto trabajar horarios extendidos, poseer un gran entusiasmo, carisma y mucha energía, entre otras características. Nada lejos de la realidad, lo cierto es que esta carrera carece de exigencias tanto académicas como de experiencia previa. En tanto, la demanda mundial de esta fuerza laboral es la mayor, según estudios realizados en las últimas décadas.

En la actualidad, pertenecer a un grupo de ventas es un gran reto. Sabemos que, para vender un producto, se necesitan más herramientas de las que llevamos a diario a la sala de ventas. Hoy se vende a través del servicio, de la orientación al cliente, de la honestidad y, por supuesto, del conocimiento del producto. Además, deberán ponerse en práctica estrategias de mercadeo y técnicas de persuasión, mostrar empatía, crear rapport, manejar las objeciones y dominar los procesos de venta. Por su parte, los consumidores prefieren acudir a los vendedores con la intención de agregar valor a la compra y sienten más confianza cuando estos son transparentes. El coaching proporciona todas las herramientas necesarias para ser un vendedor exitoso y feliz. El coach es el profesional que te acompaña en el camino hacia tu meta y te ayudará al autoconocimiento de tu potencial para que alcances los mejores resultados personales y profesionales.

Este libro se creó con el propósito de identificar las necesidades apremiantes que todo vendedor debe trabajar. Se creó para ti, que quieres comenzar tu camino en la carrera más aclamada a nivel mundial. Encontrarás una guía de pasos a seguir con el propósito de Ser una mejor persona en todas las facetas personales. Siguiendo estos pasos, alcanzarás tu máximo potencial con las herramientas más efectivas y probadas del mundo del coaching.

Está diseñado para toda persona que desee obtener mejores resultados laborales trabajando desde el Ser. Podrás leer los resultados de una encuesta abierta y el análisis de esta, también lo que piensan las personas sobre el coaching y la integración en el ámbito laboral para alcanzar resultados de excelencia. Conocerás la retroalimentación de un grupo de vendedores, quienes fueron parte de un experimento con resultados sorprendentes.

Este libro, de lenguaje claro y sencillo, será tu acompañante en el viaje más extraordinario que un vendedor debe emprender...*Vender desde el Ser*.

1

HABLEMOS DE COACHING

¿Qué es el coaching?

"El coaching es una asociación en la que el coach ayuda a su cliente a alcanzar lo mejor de sí mismo y a obtener los resultados que desea, tanto en su vida privada como en la profesional".

Joseph O'Connor y Andrea Lages
Autores del libro *Coaching con PNL*

"El coaching es un entrenamiento personalizado y confidencial llevado a cabo por un coach. Cubre el vacío existente entre lo que eres ahora y lo que deseas ser".

Talane Miedaner
Autora del libro *Coaching para el Éxito*

El coaching es, sin duda, la metodología más efectiva para llevarte desde donde te encuentras hoy hasta donde quieres llegar. Todos los autores de diferentes libros, estudios y análisis del significado de este término coinciden en ello.

Diferencia entre Coaching y Psicología

Existen diferencias notables entre un coach y un psicólogo. Es importante conocerlas para saber a cuál profesional acudir en determinadas situaciones. Los problemas de ansiedad, depresión, drogadicción u otras patologías de origen emocional y mental no pertenecen al campo del coaching. De acuerdo con la International Coach Federation (ICF), el coaching consiste en *"trabajar junto al cliente en un proceso creativo y estimulante, que le sirva de inspiración para maximizar su potencial personal y profesional"*. Cuando las inquietudes que trae el cliente no pertenecen a esta categoría, este debe ser derivado al profesional apropiado.

Coach	Psicólogo
1. Trabaja con los miedos.	1. Trabaja con las fobias.
2. Tiene clientes.	2. Tiene pacientes.
3. Trabaja con el enojo.	3. Trabaja con estados avanzados de enojo.
4. Trabaja con los retos, los desafíos y los bloqueos emocionales del *coachee*.	4. El paciente puede tener problemas de salud o patologías.
5. Se trata, principalmente, de aprendizaje y acción.	5. Es la movilización de la dinámica intrapsíquica.
6. Desafía la falta de motivación de su cliente.	6. Trabaja la depresión.

 *Hora de estirarse…*

Contesta la siguiente pregunta:

Ahora, ¿entiendes la importancia de un coach para tu vida?

Muy bien… **¡SIGAMOS!**

Carlos Vera

2

VENDE MÁS...
VENDE DESDE EL SER

Concepto de venta

El concepto de venta surgió en la época de la Revolución Industrial, cuando el aumento de la producción ocasionó un exceso de oferta. Entonces, se hizo necesario que las empresas buscaran cómo colocar sus productos en el mercado. Pues bien, a este concepto se le denomina venta. El reconocido Philip Kotler dijo: *"El concepto de venta es otra forma de acceso al mercado para muchas empresas cuyo objetivo es vender lo que hacen en lugar de hacer lo que el mercado desea"* (Dirección de mercadotecnia, 8va Ed., pág. 17).

En la actualidad, el concepto de venta se ha transformado. La venta va más allá de simples edificaciones o majestuosos centros comerciales. Por cierto, existen grandes imperios dedicados a la venta cuyos accesos están a la palma de la mano. Me refiero a las diferentes plataformas en la web, donde podemos comprar casi todo. Dentro de estos mercados, existe la fuerza laboral más grande: los *equipos de venta*. Hombres y mujeres comprometidos a dar el máximo para alcanzar el éxito y obtener grandes cantidades de dinero.

¿Cuáles son los desafíos de la fuerza de ventas?

Son muchos los desafíos que enfrenta todo vendedor en su jornada laboral. El mercado está evolucionando y tanto las empresas cómo los vendedores deben adaptarse a esta realidad global. Los clientes son los verdaderos protagonistas; por ellos se implementan nuevas estrategias y se analizan las tendencias de prospección y retención con el propósito de incrementar el porcentaje de cierre en el piso de venta.

A continuación, les mostraré algunos elementos relevantes que representan los desafíos que todo vendedor debe tener en cuenta en su autoanálisis profesional:

1. Conocimiento del producto: conocer todas las características, beneficios y opciones del producto o servicio que el vendedor representa.

2. Autoconfianza: el vendedor debe confiar en sí mismo para que el cliente confíe también en él.

3. Destreza en tecnología: es muy importante conocer las tendencias digitales, cómo mercadearse en las redes y prospectar los clientes potenciales.

4. **Mantenimiento de una buena apariencia**: la imagen vende al ojo del cliente.

5. **Comunicación efectiva**: ser coherente, asertivo y claro con el cliente ayudará a cerrar más negocios.

6. **Disciplina**: la disciplina ayuda a lograr las metas.

7. **Control de las emociones**: saber cómo reaccionar ante cualquier circunstancia y mantener una actitud profesional es vital para trabajar con el proceso de venta y cierre.

8. **Alimentación del Ser**: no puede ofrecerse lo que no se es. En algún punto de la venta estaremos desprotegidos del papel de "súper vendedor".

Qué les falta a los vendedores para ser más exitosos

Para ser más exitosos en las ventas, debemos reconocer en cuál área hay que trabajar de forma paralela con los aspectos laborales. Al comenzar una carrera en ventas, la empresa contratante se concentra en adiestrarnos solo en los aspectos dirigidos a la venta del producto, conocimiento de este, ética corporativa y reglamentaciones. Las empresas no suelen invertir en nuestra área personal, pues entienden que esa parte nos corresponde a nosotros, olvidando que somos los vendedores quienes tendremos en nuestras manos la ganancia más importante: los clientes. Con esto, no pretendo culpar el ciento por ciento a las empresas; de igual manera, nosotros tenemos la responsabilidad de trabajar con nuestros aspectos personales.

Analicemos el siguiente ángulo:

Una empresa que se dedica a la venta de automóviles nuevos invierte alrededor de 1,5 millones de dólares para construir su concesionario y gestiona una línea de crédito con la banca de aproximadamente 5 millones de dólares para la compra de inventario. Debe tener, además, la capacidad financiera para abrir un centro de piezas y servicio para sus clientes. Un concesionario promedio contrata alrededor de 50 empleados para su operación y esto representa alrededor 2,5 millones de dólares por año en nómina y comisiones. Como si fuera poco, también debe contratar una agencia publicitaria, la cual factura alrededor de 300.000 dólares por año. ¿Crees que es todo? Los gastos de utilidades son enormes: electricidad, agua, sistemas de Internet, seguridad y compra de materiales de oficina, entre otros, hacen la operación mucho más costosa. No olvidemos las tributaciones al gobierno y los seguros para operar.

Luego de este despliegue de gastos, les aseguro que hay más. Quiero que se concentren en todo lo que hay que hacer para abrir las puertas todos los días y apostar a que alguien se levante cada mañana y exclame: *"¡Hoy quiero comprar un auto nuevo!"* Que piense en tu marca y que, además, visite tu concesionario, reúna los requisitos necesarios para la aprobación, esté de acuerdo con la cuota establecida, que esté disponible el modelo, del color de su preferencia... Este es el panorama real de un concesionario de autos nuevos hoy. La pregunta es: ¿piensas que tan solo conocer tu producto o saber sobre los reglamentos de la empresa te ayudará con tus procesos de venta, el manejo de objeciones, la identificación de la necesidad de tu cliente el reconocimiento de su lenguaje no verbal, la creación de sintonía, el rapport, el mantenimiento de una postura profesional y el control de emociones? Bueno... la respuesta es un ¡NO!

Con este ejercicio queda clara la importancia de trabajar con tu Ser y así volverte más exitoso. Si los propietarios de negocios entendieran la importancia de nuestro papel en sus empresas, de las que somos la cara y representamos sus intereses, no habría un NO a la hora de trabajar nuestros aspectos a nivel personal de la misma forma que en el laboral.

Cómo el coaching se centra en el Ser

Aceptar el reto de trabajar de la mano con un coach es el primer paso para transitar ese camino que se llama Vida a través de una experiencia totalmente diferente, pues lo harás desde una perspectiva nueva y mejorada. La carrera de ventas trae consigo un sinnúmero de vivencias, experiencias, enseñanzas, satisfacciones y oportunidades que realmente marcan tu vida de una forma permanente. Hay quien asegura que las ventas son adictivas y ¡peor aún! que es muy difícil cambiar de profesión luego de comenzar en ventas. La carrera es, mes tras mes, tratar de estar entre los primeros lugares de tu región, ubicarse en el *Top Ten*. Alcanzar el reconocimiento, viajes de incentivos, aplausos y todo ese *glamour* ganando una gran cantidad de dinero, créeme, ¡se siente súper bien! Claro, en este caminar no todo es color de rosa. La experiencia diaria trae algunas dificultades... Te daré algunos ejemplos:

Llega tu turno de venta. Recibes a tu prospecto y te encuentras con un "témpano de hielo" hecho cliente. Tú, con tu sonrisa, lo recibes y ni un hola escuchas. Respiras hondo, pues vislumbras un difícil turno perdido. En menos de un minuto, llegan a tu mente un sinnúmero de pensamientos... *"¿Para qué madrugué? Tantos vendedores, ¡y me toca a mí este cliente! ¡Perdí mi turno!"*

Recibes una pareja con buen perfil interesada en tu producto. Cuando comienzas con el proceso de venta, lo primero que te dicen es que no tienen tiempo disponible para comprar hoy y, para botar la bola del parque, te dicen en la cara que tampoco tienen compromiso, pues ellos comprarán al que "más barato les venda". Nuevamente, llega a tu mente ese pensamiento de pérdida de turno.

Analiza ambos ejemplos y llega a tu propia conclusión. Todos los días experimentamos estas situaciones, entre muchas otras. Es posible que concluyas en lo que muchos vendedores me han comentado en repetidas ocasiones: *"Bueno, espero el próximo cliente, a ver si tengo más suerte. Así es nuestra vida"* o *"Qué se va a hacer... Es parte del juego".*

Volvamos a concentrarnos en lo que tú analizaste. Debes ser honesto contigo mismo. Si solo notaste que ambos turnos son pura mala suerte, te recomiendo que analices la posibilidad de contratar un coach personal. Pero... ¿por qué?

Te explico: nuestros pensamientos son el resultado de nuestras experiencias. Crecemos con diferentes improntas, que son la consecuencia de nuestras vivencias. Cada situación que se nos presenta la asociamos con nuestra propia perspectiva. No todos los clientes tienen el sentido de compromiso, pues sienten que deben ir de *window shopping* por varios comercios antes de comprar pues, de esta forma, piensan que hicieron la "asignación completa". Lo único que debes esperar de un cliente es la oportunidad de estar frente a él para hacer tu parte: ¡vender!

Ahora, no hay forma alguna de que puedas impactar a tu cliente de forma tal que no sienta la necesidad de correr a tu competencia o a "consultarlo con la almohada". Solo tienes una oportunidad real y esta ni siquiera tiene que ver con tu producto; tiene que ver contigo, con quién eres. El reflejo de tu personalidad es el mayor agente de retención contra el que un cliente no puede luchar. Todo se centra en tu Ser. Al trabajar de la mano de un coach trabajarás con diferentes ejercicios y estiramientos, los cuales tienen como propósito transformar tu vida personal para vivir la experiencia real de alcanzar tus metas laborales y ser verdaderamente feliz.

Transforma debilidades en oportunidades

Trabajar en tus debilidades es una gran inversión y traerá resultados increíbles. Tus debilidades van de la mano con tus derrotas, y a un vendedor no le gusta experimentar la derrota de manera continua. Sin embargo, de ellas se aprende y pueden utilizarse como ejemplo de lo que no se debe repetir. Una derrota puede transformarse en una especie de clase o enseñanza para ser aplicada en nuestro próximo cliente como una fortaleza aprendida. Primero, se reconocen las debilidades, luego se enumeran y, a través de un autoanálisis, se pasa a la elaboración de estrategias y acciones para que estas sean transformadas en fortalezas. Todo ejercicio busca como norte una oportunidad de crecimiento. A través del Método FODA, que he aprendido y practicado gracias a mi Mentor Coach Jacqueline Betancourt, es posible convertir debilidades en fortalezas. El método consiste en realizar una evaluación de los factores fuertes y débiles para, en conjunto, diagnosticar la situación interna y externa de tu SER.

Importancia de la inteligencia emocional en las ventas

¿Qué es la inteligencia emocional?

En 1995, el psicólogo estadounidense Daniel Goleman escribió el libro *Inteligencia Emocional*. Si bien no se le atribuye a él dicho término, sin duda su libro ha sido de gran aportación en el tema. A continuación, les haré un pequeño resumen de la definición de inteligencia emocional (I.E.) según este autor y de su relación con las características necesarias para vincular este concepto con las ventas y sus profesionales.

Goleman definió la inteligencia emocional como "la capacidad para reconocer y manejar nuestros propios sentimientos, motivarnos y monitorear nuestras relaciones". El modelo de las competencias emocionales comprende una serie de competencias que facilitan a las personas el manejo de emociones hacia uno mismo y hacia los demás. Este modelo formula a la I. E. en términos de una teoría del desarrollo y propone una teoría de desempeño aplicable de manera directa al ámbito laboral y organizacional, centrado en el pronóstico de la excelencia laboral.

En su libro, Goleman habla de las siguientes habilidades:

- Conciencia de sí mismo, de las propias emociones y de su expresión
- Autorregulación
- Control de impulsos
- Control de la ansiedad
- Definición de las gratificaciones
- Regulación de estado de ánimo
- Motivación
- Optimismo ante las frustraciones
- Empatía
- Confianza en los demás
- Artes sociales

Existen muchas dinámicas y estiramientos para trabajar y reconocer el nivel de inteligencia emocional que posees. Sin duda alguna, aplicar al máximo estas habilidades te llevará al próximo nivel laboral que tanto deseas. Por otro lado, un vendedor con mayor control de sus emociones logrará incrementar su porcentaje de cierre, pues entenderá que las objeciones de los clientes no son en contra de su persona. Tales objeciones deben manejarse de manera profesional.

Quiero compartir contigo algunos ejemplos más específicos sobre cómo la utilización de la inteligencia emocional nos ayuda en el día a día personal y laboral:

- Al reconocer cuando te equivocas y pedir perdón.
- Al enfocarte en lo positivo en medio de momentos difíciles.
- Al cuidar y valorar tu salud.
- Cuando comprendes que la perfección solo proviene de Dios.
- Cuando sabes cerrar un capítulo difícil sin que te afecte.
- Cuando te pones en los zapatos del otro.

Qué propone el coaching para el éxito en las ventas

Todos los que estamos en ventas sabemos lo importante que es trabajar en un lugar que ofrezca seguridad, estabilidad y un entorno laboral en el que nos sintamos valorados. Bajo esa premisa (la cual es muy cierta), el coaching propone a todo vendedor ofrecimientos similares. El hecho de sentirnos seguros comienza con nosotros mismos; sino estoy seguro de quién Soy, qué quiero y cuál es mi norte, ninguna empresa podrá ofrecerme seguridad. Alcanzamos la estabilidad cuando aprendemos a controlar nuestras emociones y nos volvemos mejores administradores del tiempo y del dinero. Al eliminar los obstáculos distractores de nuestra vida cotidiana, cuando disfrutamos de nuestro tiempo libre y cuando experimentemos una mayor realización personal. Ser valorados implica que debemos valorarnos primero nosotros mismos, cuidar nuestro cuerpo, mejorar los hábitos alimenticios, valorar nuestro entorno y familia.

El coaching hará su parte en la medida en que tú hagas la tuya. En el aspecto laboral, un coach certificado tiene las herramientas necesarias para incrementar el desempeño de un vendedor. Cuando un vendedor es feliz, el cliente se sentirá más satisfecho, dado que ha recibido una presentación del producto y una orientación de la mano de un vendedor seguro de sí, un vendedor libre de distracciones y preocupaciones, con un mejor dominio de sus finanzas y relaciones personales.

 *Ahora, ¡otro estiramiento!*

Esta vez, te invito a escribir tus cinco mejores cualidades personales y tus mejores cinco cualidades laborales. Finalmente, escribe cinco áreas en las que desees mejorar.

Ya con estas diez cualidades y las cinco áreas a mejorar, te invito a reflexionar. Este es el primer paso para un autoanálisis de tu YO actual.

Cualidades Personales	Cualidades Laborales	Deseo Mejorar
1.		
2.		
3.		
4.		
5.		

Carlos Vera

3

CAJA DE HERRAMIENTAS PARA VENDEDORES EXITOSOS

Preguntas poderosas para mayor éxito

¿Qué son las preguntas poderosas?

La International Coach Federation las define como *"La capacidad de hacer preguntas que revelan información necesaria, con el fin de obtener el máximo beneficio para la relación de coaching y para el cliente"*.

La ICF sostiene que un coach demuestra esta competencia cuando expone los siguientes comportamientos:

1. Hace preguntas que reflejan la escucha activa y la comprensión del punto de vista del cliente.
2. Hace preguntas que llevan al descubrimiento.

3. Hace preguntas abiertas que crean mayor claridad.
4. Hace preguntas que permiten al cliente avanzar hacia su objetivo.

Las preguntas poderosas...

✓ Crean impacto y mueven a la acción.

✓ Llevan a espacios donde el cliente no ha estado, crean nuevas posibilidades.

✓ Producen un "darse cuenta" de algo que el cliente no había notado anteriormente.

✓ Hacen reflexionar al cliente.

En ventas, al igual que en el coaching, tenemos la oportunidad de formular preguntas poderosas a nuestros clientes con el propósito de descubrir si el cliente está comprando aquí y ahora. La formulación de estas debe ser clara y directa. A través de las preguntas, obtendremos un panorama real y preciso mediante el cual podemos identificar pasos a seguir en el proceso de venta con nuestro cliente. Las preguntas son un medidor real de cuán acertados hemos sido en la demostración de nuestro producto y en la explicación de sus características. Cuando un cliente muestra resistencia al momento de decidir, podríamos formular las siguientes preguntas:

— *Carmen, ¿qué te mueve a no comprar ahora?*

— *José, de conseguir un pago mensual más bajo, ¿cerramos el trato hoy?*

— *Entiendo, Claudia. ¿Qué puedo hacer para que reconsideres tu decisión?*

Preguntas claras mueven al cliente a reflexionar *"¿y por qué no?"* Automáticamente, se abren posibilidades para maximizar ese espacio que el cliente ha abierto para ti y así cerrar la venta.

Autoevaluar al vendedor en su área personal y laboral

Si es importante identificar qué tipo de publicidad es la mejor, cual época es la de mayores ventas y cuáles son las tendencias dominantes del mercado, de igual forma lo es la autoevaluación de los aspectos personales y laborales, pues de ellos sí tenemos el control, mientras que, de los elementos externos, no. Poder identificar nuestras áreas de oportunidad y crecimiento nos garantiza mejores resultados, tal como ya hemos expuesto. Existen herramientas muy efectivas y probadas en el campo del coaching y que, de la mano del coach y las sesiones, posibilitan el incremento de la productividad y calidad de vida.

El **Eneagrama de Vida** es una poderosa herramienta usada por el coach para poder identificar cómo nos encontramos en las nueve áreas más importantes de nuestra vida. También se utiliza el eneagrama en el aspecto laboral, identificando las nueve áreas de los vendedores exitosos. Así, obtendremos un panorama total de nuestra realidad actual. El eneagrama es tu propio reflejo plasmado en un papel y eres tú quien tiene el poder de una transformación sostenible.

Cómo se desarrolla esta dinámica

Comienza por entender que eres TÚ el protagonista de este

ejercicio. Por lo tanto, identifica el punto 0 del eneagrama dibujándolo en el mismo centro. Este significa tu presente. Ahora, en el borde, escribe el número 10. Este representa a dónde quieres llegar. Es muy importante tu honestidad y sinceridad al contestar tu situación actual en las nueve áreas de tu vida personal; recuerda que, al final, eres tú quien debe otorgar una valoración real al ejercicio.

Cuando te autoevalúes, te sugiero crear un punto justo en el número de evaluación. Por ejemplo, si en el área emocional te das un 7, marca este número del área emocional. De esta forma, continuarás con las nueve áreas otorgándoles tu número de evaluación correspondiente.

Al finalizar, entrelaza todos los números. Pinta o sombrea el área interna de la figura, creando una nueva figura.

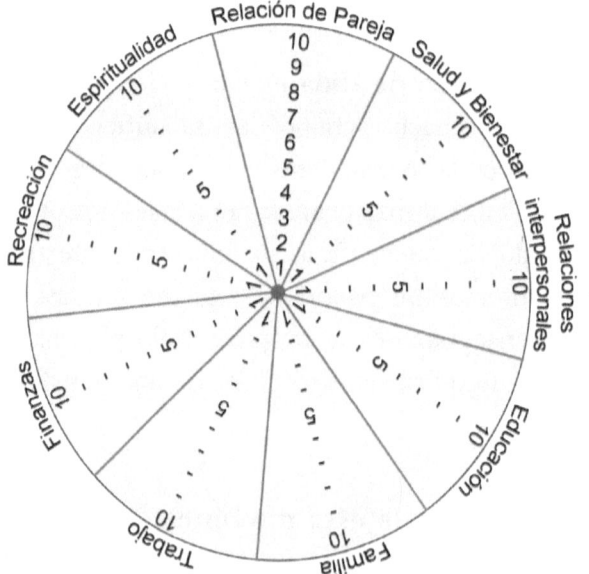

Eneagrama de Vida

Ahora:

- Identifica la figura. ¿Qué representa para ti? ¿A qué se parece?

  _____

- Escribe lo que es tu figura.

  _____
  _____

- A continuación, escribirás diez características de tu figura o lo que sientes cuando la ves.

  _____
  _____
  _____
  _____

- Lo siguiente será tachar tres de estas características para quedarte solo con 7.

  _____
  _____
  _____
  _____

- De las siete, ahora tacha dos. Te quedarás con cinco.

  _____
  _____
  _____

- De estas cinco, vuelve a tachar dos. Te quedarás con las tres características más poderosas y que más se identifiquen con tu Ser.

  _____
  _____
  _____

Es hora de escribir la siguiente oración:

"Yo soy un hombre o mujer..." y escribirás las tres características más poderosas.

Ejemplo:

*Yo soy un hombre **luchador, alegre** y **humilde**.*

Está frase se conoce como la *frase de empoderamiento* (te diré su importancia más adelante).

Es posible que te hayas detenido en el desarrollo de la creación de tu figura. En ese momento, se estaba produciendo en tu cerebro un cambio de tu mente inconsciente a tu mente consciente.

Beneficios que otorga el Eneagrama de Vida a un vendedor:

1. Permite descubrir quién eres, pues es un reflejo de ti mismo.

2. Es un diagnóstico previo de las diferentes áreas de tu vida personal.

3. Identifica tu área de oportunidad para mejorar tu Ser.

4. Potencializa tu personalidad.

5. Mejora tus relaciones personales.

6. Estimula a la autoevaluación y motiva al cambio.

7. Propone y establece trabajar con prioridades.

8. Es una guía para el coach; sirve para establecer un plan de trabajo.

9. Te ayuda a descubrir lo que quieres.

10. Invita a la reflexión responsable.

El Eneagrama de Vida es un ejercicio puente. Con este resultado, tendrás la información necesaria para comenzar otros poderosos ejercicios de crecimiento personal, tales como:

- La frase de empoderamiento
- Método FODA
- Carta de empoderamiento
- Antecedente de vida
- Aterrizaje financiero 1
- Proyecto de realización personal
- Aterrizaje financiero 2
- Seguimiento

Estos ejercicios son muy importantes para el crecimiento del Ser. Ya terminada esta faceta de crecimiento personal y con el eneagrama laboral, estarás preparado para iniciar una nueva etapa con una mentalidad diferente, motivado y lleno de energía, ya que te sentirás más balanceado y estructurado.

Aquí les muestro ambos modelos de eneagrama:

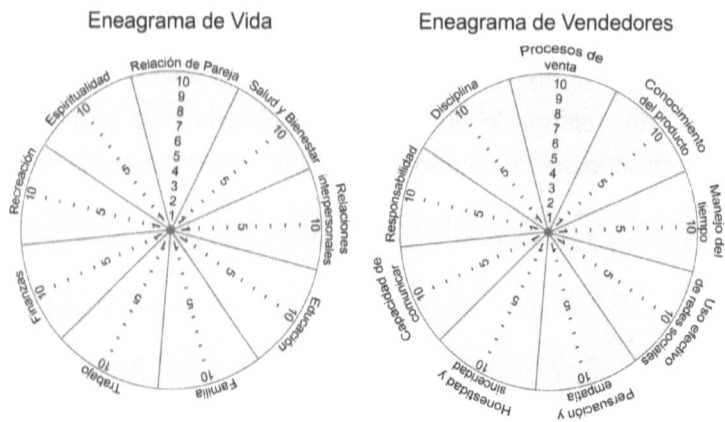

Eneagrama de Vida — Eneagrama de Vendedores

Luego de terminada esta dinámica, te invito a reflexionar sobre el resultado con la creación de un nuevo ejercicio. Con este, tendrás la oportunidad de establecer tu frase de empoderamiento personal y laboral.

La creación de la frase de empoderamiento será parte de tu vida de aquí en adelante. Te recomiendo tenerla en lugares visibles, tales como tu casa o escritorio. El propósito es repetir estas oraciones para crear un norte a seguir. Cada vez que necesites ánimo, busca tu frase de empoderamiento, reflexiona sobre ella y sigue tras tu objetivo.

Herramienta de crecimiento profesional

El telescopio laboral

He diseñado este ejercicio con el propósito de que cada persona logre obtener más herramientas utilizando y reconociendo las mejores cualidades y características de su competidor principal, que puede ser un individuo o una empresa.

Tradicionalmente, nos dedicamos a competir. En ventas, un espíritu competitivo nos motiva para alcanzar nuestras metas y dar lo mejor de nosotros. Cuando hablamos de un competidor, nos referimos a una persona o empresa, haciendo referencia de sus mejores cualidades o características que los hacen competitivos. En el mundo de los deportes podemos escuchar en cada entrevista de un atleta que, cuando se refiere a su competidor, lo hace destacando sus mejores jugadas, movimientos o técnicas que lo hacen ser uno de los grandes en su carrera deportiva. Reconocer a nuestro competidor nos ayuda al análisis más allá de la competencia. Está práctica ayuda a la autoevaluación de nuestras habilidades y acciones; además, podríamos adoptarlas como parte de nuestro fortalecimiento laboral.

Procedimiento

Paso 1

Piensa en un vendedor que siempre esté en la lista de los *Top 10* a nivel regional. Tu tarea es identificar cinco características o cualidades que lo reconoce como uno de los mejores.

Ejemplo:

A. Proyección y Seguridad

B. Herramientas de prospección

C. Busca nuevas tendencias de mercadeo

D. Alto nivel de compromiso

E. Nivel de enfoque

Paso 2

Esta parte es muy importante. Este ejercicio no es para imitar o dejar de ser quién eres. Se trata de ser objetivo y entender que no tenemos la receta perfecta del éxito, sino que necesitamos estudiar, analizar y buscar todas las herramientas que nos permitan crecer. Siempre es positivo trabajar desde tu fortaleza y, en el camino, aprender mientras adquieres las mejores estrategias y acciones que realizan los competidores más exitosos.

Ahora, identifica tus fortalezas y analiza las cinco áreas fuertes que hacen que te distingas.

Con las diez fortalezas y acciones positivas que destacan tanto en ti como en tu competidor, realiza una tabla donde puedas analizar cómo puedes integrar todas ellas a tu rutina laboral. Puedes discutir este resultado con tu coach, quien te acompañará en tu camino para convertirte en todo un súper vendedor.

 *Sigamos estirando...*

Con tu frase de empoderamiento laboral en mano, te invito a que grabes un video casero de tres minutos. Habla sobre cómo llegaste a esa conclusión y explica los pasos a seguir para alcanzar tus metas laborales. Programa verlo una vez por semana y establece una fecha límite para lograr hacer realidad todo lo que te has propuesto.

4

CÓMO SER UN VENDEDOR EXITOSO Y FELIZ

Las estadísticas afirman que el 80 % de los vendedores no son felices ejerciendo esta profesión, ya que, en su mayoría, entran a este campo por casualidad, necesidad apremiante o por no tener otra opción.

Por lo general, las ventas son un gran campo de oportunidades para generar una cantidad mayor de dinero, en comparación con un empleado regular bajo un salario fijo. Las ventas, además de estrés, generan pasión, energía, retos y competencia. En esta industria, los horarios extendidos son la norma del día. Trabajar días festivos, cuando otros sectores están de día libre, es común.

Hay tres preguntas clave para identificar si verdaderamente las ventas son, para ti, una carrera a largo término. Son las siguientes:

1- *¿Para qué vendes?*
2- *¿Cómo vives tus sueños?*
3- *¿Qué estás dispuesto a cambiar o hacer para conseguir la felicidad?*

Te invito a meditar estas preguntas y a contestarlas con sinceridad.

La fórmula de Kuppers

La carrera de ventas es una profesión tan importante y prestigiosa como la de un médico, abogado o contable. Para ser un vendedor exitoso, es imperativo el estudio continuo; puedes buscar y analizar las últimas tendencias, procesos e investigaciones para vender más. *"¿En dónde dejo la felicidad?"*, te preguntarás. Quiero compartir contigo una fórmula muy acertada para conseguir la felicidad mientras vendes y compartida, a su vez, por Víctor Kuppers en una conferencia TED.

Esta fórmula la es la siguiente:

   (C+H) x A

Donde:

- La **C** significa *Conocimiento*
- La **H** significa *Habilidad*
- La **A** significa *Actitud*

Te daré un ejemplo para explicarte en detalle:

Visitas una tienda de zapatos y el vendedor tiene el conocimiento completo de su producto, además de habilidad para vender. Sin embargo, su actitud no es la mejor. Es posible que compres los zapatos por necesidad. Pero lo que es poco probable será que recomiendes ese vendedor a un amigo o que, en la próxima ocasión que quieras comprar zapatos, visites el mismo lugar. Un vendedor que desea experimentar el éxito debe tener claro que la habilidad y el conocimiento suman para el cierre de una venta. Sin embargo, la actitud tiene un efecto multiplicador en el proceso de compra del cliente, ya que se considera que la A y H puede tener variantes. Es decir: un vendedor con tremenda actitud puede no ser el más conocedor o no ser el más habilidoso; ahora, la actitud correcta es predominante para la decisión de compra en un cliente, en adición de volver en un futuro y buscar a ese mismo vendedor. Esta fórmula es muy certera; podrá ayudar a que te conviertas en un tremendo vendedor y a que seas feliz, ya que te brinda la oportunidad de incrementar tus ventas y este resultado te dará felicidad.

Honestamente...

¿Te has preguntado si eres un vendedor exitoso y feliz?

¿Eres de los vendedores que hablan del éxito de los demás?

¿Vives admirando la felicidad, sin sentirla en ti?

¿Te conformas con saber que algún día tú podrías ser parte de esa élite de vendedores?

¿Realmente estás haciendo algo para salir de la zona de confort?

Carlos Vera

Las respuestas a estas preguntas de confrontación solo las tienes tú. Lo primero que debes saber es que **HOY** es un gran día para comenzar a hacer las cosas diferentes y conseguir resultados diferentes. Esta decisión no está regida por edad, raza, religión, color o preferencia sexual. Esta decisión es eso mismo: una decisión, una acción a asumir, un plan a estructurar identificando claramente tus objetivos a alcanzar. Si eres uno de los que desean de todo corazón un cambio radical en tu vida laboral y personal, te felicito. Créeme que tu familia y amistades también estarán felices de poder ver un cambio positivo en ti.

Cuando decidas hacer los cambios necesarios para optimizar tu carrera en ventas notarás que:

1. Te sentirás con mucha más energía.
2. Experimentarás una mejoría en tu relación de pareja.
3. Compartirás más tiempo de calidad con tus hijos.
4. Tu cuenta bancaria incrementará.
5. Podrás dormir profundamente.
6. Encontrarás motivos para sonreír con más frecuencia.
7. Sentirás gratitud.
8. Podrás realizar un mejor uso de tu tiempo libre.
9. Serás el centro de atracción.
10. Verás la vida desde otra perspectiva.

Si eres de los que se está preguntando cómo es que lograrás todos estos cambios significativos y de índole personal a la vez que incrementa tu productividad laboral, bueno… ¡Es simple! Lo primero que debes analizar es:

¿Estás más tiempo en tu entorno laboral que en tu casa?

¿Eres de los que comparte más con tus compañeros de trabajo que con tu propia familia?

¿Tus horas productivas las dedicas al trabajo y las de descanso a tu hogar?

Como puedes ver, con estas simples preguntas podrás notar si pasas más tiempo en tu trabajo, dónde compartes más, en qué utilizas más energías. Lamentablemente, podrías concluir que vives en tu trabajo y que, en tu casa, solo duermes.

Si esta es tu realidad, tranquilo; no se acaba el mundo por ello. Ahora, reconociendo tu presente podrás proyectarte a un mejor mañana y tomar mejores decisiones, teniendo en consideración cómo emplear tu energía eficazmente y con más sentido.

Los vendedores somos de fuerte coraza. No es para menos; cada día es un nuevo reto: clientes difíciles, rudos, antipáticos, malcriados, exigentes... En fin, encontramos todo tipo de situaciones y tú estás ahí, de frente, manejando estos sucesos como todo un superhéroe. La realidad es que no existe una educación que, desde temprana edad, nos prepare para trabajar con todas estas situaciones.

Observa lo siguiente:

- La escuela nunca nos educa para ser vendedores.
- Tampoco se nos enseña cómo negociar con un cliente.
- Jamás nadie nos explica cómo enfrentar el fracaso o una frustración.
- Tampoco nos educan para manejar el tiempo.

Crecimos en una sociedad regida por el miedo, por conductas aprendidas, incertidumbre, improntas, creencias limitantes y con la poca o ninguna educación que nuestros padres contaban al criarnos. Ya todo esto es el pasado. Hoy nos toca aprender a fuerza de errores, golpes de la vida y a través de experiencias dolorosas para convertirnos en excelentes vendedores y mejores seres humanos.

Ahora, vamos a entrar en materia. A continuación, te daré varios conceptos e ideas que, si las adoptas al pie de la letra, te convertirán en un vendedor exitoso y feliz. Primero, comencemos con unos de los mayores activos que tenemos: el tiempo. La planificación inteligente del tiempo nos ayuda a ser más eficientes a la hora de proponernos metas.

Cómo manejar el tiempo

1. El uso de una agenda te ayudará a mantener un orden de prioridades. Además, lo que está escrito no se te olvidará.
2. Primero, lo difícil. Trabajar con las tareas más difíciles o complejas en la mañana es la mejor alternativa, ya que tu cuerpo está lleno de energía y

tu nivel de concentración es mayor también.

3. Trabaja por intervalos. El cerebro no está diseñado para trabajar ocho horas seguidas a un nivel óptimo. Si quieres trabajar de forma inteligente, programa una alarma y, cuando esta suene a cada hora, trabaja de corrido. Descansa unos cinco minutos y luego continúa este ciclo.

4. Pauta fechas para terminar proyectos o trabajos.

5. Trabaja de a una tarea a la vez. Disminuye distracciones, no trates de realizar varios trabajos al mismo tiempo. Dedica tiempo y energía a una sola tarea y terminarás más rápido.

El tiempo es precioso y no vuelve ni se detiene, así que te animo a que lo inviertas de la mejor forma posible. Muchas personas piensan que, por razones de edad, es imposible emprender un proyecto, un nuevo trabajo o una nueva relación. En realidad, y para que lo tengas claro, hoy es el mejor día para comenzar. El hoy es lo que cuenta, hoy es tu realidad. Sé buen mayordomo de tu tiempo y podrás alcanzar cualquier meta propuesta. Si no me crees, piensa que Sam Walton creo Walmart a los 44 años; Henry Ford, a los 40 años, fundó la marca Ford; Ray Kroc empezó McDonald's a la edad de 52 y el coronel Sanders, luego de múltiples intentos fundó la cadena KFC a sus 65 años.

Disfruta de tu día libre

La mayoría de los vendedores no disfrutan su día libre y acumulan un caudal de gestiones personales y familiares para ese día. Sus parejas, incluso, ya tienen preparada una *To do List* enorme pegada en el espejo del baño. Si eres un vendedor al que en la actualidad le esté pasando esto, te sugiero que hagas algo al respecto, pues este día debe estar reservado para ti en, al menos, varias horas. Debes sentir que eres merecedor de ese espacio de tiempo.

A continuación, te dejo varios consejos sobre cómo organizar tu día libre para poder realizar tus gestiones personales y familiares de una forma equitativa.

1. Para maximizar tu día, te recomiendo la creación de un *journal* o diario que te permita coordinar tus gestiones personales por niveles de prioridad. Además, podrías hacer apuntes de cómo fue tu día, qué te gustó, cómo lo mejorarías, qué incluirías para disfrutar al máximo ese día.

2. Identifica cuáles tareas puedes realizar en línea o vía telefónica. Hoy día, son muchas las agencias y comercios privados que ofrecen atención *online* al cliente y permiten realizar pagos, depósitos, consultas y hasta suscripciones.

3. Tu día libre es perfecto para la práctica de tus pasatiempos favoritos. Todos tenemos ese *hobby* que nos da tanta alegría, adrenalina, diversión; talentos que podemos ir desarrollando a través de la práctica. Vamos, ¡anímate!

4. Algunos vendedores ven su día libre como una inversión de tiempo y buscan la forma de aprender o tomar un curso *online*.

5. Quizás seas de los vendedores que aprovechan ese día para visitar a sus familiares, dar un paseo o ayudarlos a realizar sus gestiones personales.

6. Algunos vendedores invierten su día libre en el seguimiento de sus proyectos de emprendimiento.

Sean estas u otras actividades las que realices durante tu día libre, lo importante es que lo que hagas añada, de alguna forma, valor a tu vida, que sean experiencias enriquecedoras que hagan que valga la pena vivir. Tu tiempo libre puede ayudarte a descubrir lo que quieres en la vida; puedes aprender nuevas habilidades y mantener buenos hábitos.

Encuentra la forma de pertenecer a un grupo de gente de exitosa. Escucha a mentores y lee, así aprenderás, ampliarás, expandirás tu mente y podrás descubrir aquello que haga de este día, un día feliz.

25 hábitos para atraer la felicidad

Luego de escribir sobre el valor que tiene el tiempo para nosotros y de cómo maximizar nuestro tiempo libre, debo escribir ahora sobre otros elementos que son muy importantes para la realización de tu Ser y para que, a la vez, puedas experimentar esa felicidad que todos buscamos para nuestra vida. A continuación, leerás lo que, para mí y a nivel personal, debemos mantener establecido para alcanzar el éxito y la felicidad como individuos.

Los 25 hábitos que atraen felicidad a tu vida y que te ayudarán a conseguir el éxito que te propongas son los siguientes:

1. *Sal de la cama temprano en la mañana.* Empieza tu día con afirmaciones. Ora o medita, así comenzarás con energía y positivismo.

2. *Sé agradecido por todo.* La gratitud te acerca a la salud y al bienestar, te ayuda a valorar lo que tienes y a no lamentarte por lo que no ha llegado a tu vida.

3. *Practica ejercicios.* Crea una rutina que vaya acorde a tus necesidades. El ejercicio da oxígeno a la sangre y eleva las endorfinas de tu cerebro, ayuda a mantenerte atento, con energías, motivado y mejor físicamente. El ejercicio ayuda a tener más claridad mental.

4. *Establece pequeñas metas diarias.* Proponerte metas en menor proporción y cumplirlas nos ayuda a ejecutar las acciones correctas. A su vez, estas acciones te llevan al cumplimiento de las metas a largo plazo.

5. *Sé organizado.* La organización te ayuda a enfocarte en tus metas. Organiza tus espacios personales, usa una agenda diaria, organiza tus actividades y verás grandes resultados en tu vida.

6. *Vence tus miedos.* El miedo es un agente limitador, es como un freno eterno en nuestra vida. Sentir miedo constantemente crea inestabilidad y estancamiento. Crea una lista de tus miedos y comienza a trabajar uno por uno sin detenerte; solo

quédate con ese miedo natural e intuitivo, pues es el que ayuda a no cometer locuras de las cuales tengas que arrepentirte tarde o temprano.

7. *Toma en serio tu hora de descanso.* Aunque sea difícil, debes crear el hábito de despertar temprano e irte a dormir temprano., Tu cuerpo no es una máquina *Terminator*, todos necesitamos descansar para recuperar energías. De hecho, se recomienda dormir entre 6 a 8 horas todos los días.

8. *Escribe tus ideas y pensamientos.* Crea un diario personal de lo que vives, haces y creas, anota esas ideas increíbles de emprendimientos que vienen a tu mente. Este registro te ayuda a monitorear tus acciones, tus propósitos y a dónde quieres llegar en un futuro.

9. *Lee.* Encuentra un tema que te apasione y comienza a leer sobre él. Leer es un hábito súper importante que ayuda a expandir tu vocabulario y enriquece tu mente.

10. *Disfruta de un tiempo personal.* Casi nadie cumple con este hábito. Busca ese pasatiempo que te llene de felicidad y dedícale tiempo; te lo mereces.

11. *Establece un plan de acción.* Escribe claramente los pasos a seguir, fija una meta para alcanzar a corto o largo plazo. Todo proyecto personal o laboral conlleva un plan a seguir; qué, cuándo, cómo, dónde son algunos de los interrogantes que debes definir claramente para un futuro plan de acción.

12. *Ayuda sin esperar nada a cambio.* Nunca olvides dedicar tiempo a aquellos que te quieren. Ayúdalos o, simplemente, acompáñalos en determinados momentos. Ayudar a otros nos trae un estado de abundancia en el que, casi siempre, somos nosotros los que obtendremos mejores resultados al servir a los demás.

13. *Aprende a ahorrar e invertir.* Estos hábitos son imprescindibles en tu vida. Son pocas las personas que ahorran para el futuro o cuentan con un fondo de emergencia. Se recomienda que ahorres entre un 20 a un 30 % de tus ingresos. Claro, es algo que debes ir aprendiendo y que depende de tu situación financiera del momento. Edúcate sobre cómo invertir tu dinero con un experto en este asunto.

14. *Buena alimentación.* Pauta una cita con un nutricionista y oriéntate sobre cómo debe ser tu alimentación. Aunque suene difícil, verás que con una buena nutrición podrás alcanzar tus metas y te sentirás contento, alerta y balanceado.

15. *Inspírate e inspira.* Sé una persona digna de admirar, ya sea por tus buenos hábitos alimentarios, buenas actitudes o tu buen humor. Inspírate para lo que quieres lograr con una película, una historia o una persona cuya historia de vida sea un ejemplo para seguir.

16. *Promueve la sana competencia.* Si bien es cierto que cada día buscamos lucir mejor en todos nuestros aspectos, el sentido de competencia es más común de lo que imaginamos. Sé de esas personas que optan

por ser sus propios competidores. Evalúa periódicamente tu *personal status* en todos los renglones, puntualiza tus logros y crea una nueva escala a subir tomando en cuenta tus propios resultados. Motiva a todas las personas de tu entorno cercano a realizar esta práctica y verás resultados sorprendentes.

17. *Procura mejorar las relaciones.* Las personas felices hacen felices a otras. Este principio es vital para alcanzar un nivel óptimo en las relaciones interpersonales. Disfruta del éxito del otro.

18. *Termina lo que empezaste.* No postergues tus proyectos, ideas o todo lo que deseas emprender. Debes terminarlos, sean metas pequeñas o grandes. El hecho de terminarlos te anima a comenzar otros y crean un buen hábito de cumplimiento.

19. *Supera tus creencias limitantes.* Si creciste pensando que la criatura del pantano es real o que al entrar a la playa automáticamente un tiburón te va a devorar, es señal de que tienes creencias limitantes que te impiden dar pasos certeros con miras a mejorar ciertos aspectos de tu vida. Un coach es el especialista indicado para trabajar con tus creencias.

20. *Menos televisión, más información.* Invierte más en ti, en tu formación personal o laboral. Crea un hábito diario donde alimentes tu Ser con contenido selecto.

21. *Crea un círculo de amistades con propósito.* La influencia es muy importante en nuestras vidas y contar con personas cercanas para aprender de ellas no tiene precio. Siempre hay un consejo que resulta

positivo, siempre hay una historia de fe y superación que nos hacer brincar del asiento. Crea un grupo de personas inspiradoras con gran potencial y te aseguro que, si caminas con gigantes, tus pasos serán de esa magnitud.

22. *Perdona para crear espacio.* Las personas que buscan la felicidad concuerdan en que el rencor hace daño a nuestro Ser. En ocasiones, hay que perdonarse uno mismo para poder seguir en el camino. El rencor es un agente retenedor, pues no permite que arranquemos ningún camino con fuerza. Cuando no perdonamos, perdemos. Cuando no perdonamos, no nos libramos de esa carga perturbadora. Si quieres experimentar paz y alegría, perdona y perdónate. Será la mejor decisión.

23. *Sé apasionado.* Cuando sientes pasión por lo que haces, creas un campo de energía tremendo, mantienes una actitud positiva y un deseo increíble por aprender cosas nuevas. Ser apasionado es dedicarse con devoción a lo que haces, esperando solo lo mejor como resultado.

24. *Di NO cuando sea necesario.* Todos queremos complacer. Todos queremos quedar bien con todos. En ocasiones, decir *"No"* nos hace sentir mal y ahí, justo ahí, está el error. Decir NO cuando se trata de defender la integridad nunca es malo. Decir No cuando lo que te piden es inmoral, tampoco es malo. Nunca te sientas mal al decir No por una causa justa. Si eres padre como yo, el decir NO puede ser útil en momentos determinados, en los que está en juego una

lección, una experiencia de aprendizaje para toda la vida de nuestros hijos. Decir NO, en ocasiones, es un SÍ a uno mismo.

25. *Aprende de las lecciones.* A veces nos aterra que los demás sepan que fracasamos o que lo que tanto defendimos terminó siendo la peor decisión. Cuando esto sucede, aceptar que te equivocaste crea una mejor imagen de ti. Dejas saber a los demás que puedes equivocarte y que puedes reconocerlo. Aprender de ello te hace más grande y creas un banco de referencias a seguir en un futuro a corto y largo plazo.

Cuando aplicas estos 25 hábitos en tu vida garantizas la optimización de resultados a nivel personal y abres camino a mejores experiencias en tu área laboral, ya que un vendedor bien estructurado, organizado y feliz estará mucho mejor aspectado y apto para cumplir su rol diariamente.

14 hábitos y características del vendedor exitoso

A continuación, te daré los hábitos y características que un vendedor necesita para ser exitoso, efectivo y obtener increíbles resultados.

1. *Escucha de forma activa.* Esta es, sin duda, una gran habilidad. Cuando vendemos, debemos estar muy pendientes del lenguaje verbal y no verbal de nuestros clientes, además de sus emociones. Claro, el

propósito no es juzgar; más bien es entender la necesidad y el mensaje, más allá de las palabras.

2. *Orienta primero, vende después.* Siempre existe una relación entre orientar y persuadir. Orientar es conocer nuestro producto y poder ofrecer información valiosa y real a nuestros clientes con el fin de que puedan sentirse satisfechos y lograr tomar una decisión de cierre acertada. Persuadir es convencer.

3. *Pregunta con inteligencia y poder.* En ventas, saber preguntar es ganar. Cuando preguntamos con poder, buscamos impactar al cliente ayudándolo o llevándolo a tomar una decisión de cierre. Las preguntas inteligentes se utilizan para ayudar al cliente a comprender sobre la necesidad de contar con nuestro producto. Tenemos el control del proceso de venta cuando mantenemos al cliente contestando y nosotros escuchando.

4. *Genera confianza.* ¡Es sencillo! Si no hay confianza, mucho menos habrá venta. Todo cliente compra por miedo; es tu producto el que baja los niveles de intranquilidad del cliente. Ahora, ¿quién vende? El que genere confianza y venda a la mente. Tú eres el primer producto que debe ser vendido para, luego, demostrar el valor del producto que representas. Es necesario que el cliente sepa cuál es tu objetivo con él, lo que puede adquirir a través de tu orientación, garantías y políticas de tu empresa dirigida a sus derechos como clientes.

5. *Comunícate de manera efectiva.* La comunicación es vital para el entendimiento y claridad del mensaje. Un vendedor nunca debe permitir que el cliente asuma o interprete su mensaje; es su responsabilidad comunicarse de forma entendible para evitar malinterpretaciones o confusión en el mensaje. De no hacerlo, estarás muy lejos de cerrar tu venta.

6. *Sé tolerante ante la frustración.* Nunca debes decaer ante un NO del cliente. Siempre hay un aprendizaje detrás de cada respuesta negativa. Un vendedor exitoso soporta las acciones frustrantes y comprende los fracasos, entendiendo que siempre hay una nueva oportunidad para impactar a otro cliente.

7. *Demuestra autocontrol.* La carrera de ventas trae consigo un vaivén de situaciones, momentos donde el control de nuestras emociones es crucial para poder lograr una venta. Estamos llamados a administrar nuestro potencial intelectual, psicológico y físico. Controlar nuestros impulsos es un activo y una ficha importante en el proceso de venta. Cuando te controlas, mantienes un equilibrio entre la emoción y la razón.

8. *Sé social.* Saber interactuar sin exceder la confianza con el cliente es muy importante. En ventas, construir relaciones con los clientes te asegura un alto nivel de referidos. Ser un vendedor socialmente apto te ayudará siempre.

9. *Maneja las objeciones.* Si hay algo importante y que debes tener muy claro en el manejo de las objeciones es que estas *no son contra ti*. Las objeciones son tan

buenas como las quieras ver, ya que son indicativos de por qué el cliente no está comprando en el momento. Cuando manejas estas objeciones, puedes llevar al cliente a un punto donde se vea sin argumentos que le impidan cerrar el negocio. Alégrate de las objeciones, son el mapa que conduce al tesoro.

10. *Las redes sociales son tus aliadas.* Debes darte a conocer. Puedes hacerlo multiplicando con las redes sociales. Crea tu marca personal; el por qué me debes comprar *a mí* motiva a todos a conocerte. Las redes sociales son grandes impulsoras de ventas cuando se utilizan adecuadamente. Vende tu imagen, y todos querrán conocerte para que les vendas.

11. *Fija metas alcanzables.* Primero, debes definir con precisión qué es lo que deseas lograr. Luego, debes establecer los pasos a seguir. Evalúa las estrategias y, si es necesario, redefine reevaluar tus pasos. Si tu meta es mensual, establece un sistema de medición cada semana para ver el progreso de tu esfuerzo. Celebra cada logro; de esa forma, mantienes una actitud positiva en el camino del cumplimiento.

12. *La autodisciplina de un vendedor.* Ser disciplinado es súper importante para la realización de tus metas. Te recomiendo escribir tus reglas y ser constante en seguirlas. Hazlo con fuerza de voluntad y con la certeza de que te llevará a un éxito sin precedentes.

13. *Domina tu mercado.* Conocer tu producto es importante. Ahora, cuando conoces los beneficios y limitaciones de tus competidores te conviertes en un

vendedor muy por encima de la media. Cuando un cliente genera preguntas o dudas sobre tu producto, por lo general, lo que quiere saber es qué características distingue a tu producto por sobre el de la competencia. Cuando con claridad y con información confiable, empírica y corroborable sacas de dudas a tu cliente, ganas un gran terreno y el cierre está mucho más cerca.

14. **Practica la autogestión.** Tener la oportunidad de analizar tu desempeño y ser consciente de que necesitas un cambio es muy positivo. La autogestión implica ser transparente contigo mismo. Busca la forma de ser mejor vendedor, escucha tu voz interior y sigue ese instinto que te llevará a un nivel superior.

Carlos Vera

5

VENDEDORES AVENGERS

Desde pequeño he identificado a un vendedor como una especie de superhéroe. Te explico por qué: cuando niño y cursando la escuela elemental, mi padre -que era un increíble vendedor- me llevaba consigo a sus aventuras de venta. Les digo aventuras de venta, ya que él era muy emprendedor y comenzaba negocios a pesar de no tener los conocimientos suficientes para ejercer esa profesión. Un día, me dijo: *"Carlos, vamos a crear una ruta de clientes para venderles agua de manantial embotellada, ya que el agua del acueducto es de mala calidad"*. Yo, de muy poca edad, le dije: *"Claro, papá, vamos"*. Resulta que nos fuimos a una urbanización muy prestigiosa de nuestro pueblo y, con una botella de cristal vacía de cinco galones, íbamos de puerta en puerta ofreciendo agua embotellada. Lo hacíamos sin ningún tipo de orientación, solo con un llamado de mi padre. Los residentes miraban atónitos a un niño frente a sus puertas con un botellón de cristal, sin un adulto que lo acompañara.

Sorprendidos, me decían: *"Muchachito, ¿dónde está tu papá?* Yo les decía que él estaba en la siguiente casa, ofreciendo el servicio de agua de manantial a domicilio. La cosa es que creamos una gran ruta de servicio a domicilio y mi papá estaba muy feliz. Yo observaba como vendía su servicio y, en ese entonces, lo veía como un héroe, pues tenía un gran poder de convencimiento. En poco tiempo decide emprender un nuevo servicio: limpieza de alfombras a domicilio para los mismos clientes del agua de embotellada. *Wow*, ¡qué genio mi padre! Él vio la oportunidad de satisfacer esa necesidad, pues casi todos los clientes tenían alfombras en el interior sus casas. Mi padre, aún sin saber cómo realizar el trabajo de limpieza, compró la maquinaria, los químicos y se lanzó. ¿Pueden adivinar quién era su asistente? ¡Pues yo! Padre e hijo con una gran máquina de vapor limpiando alfombras, sin adiestramiento alguno. Sin duda alguna, mi padre fue para mí un superhéroe, ya que veía cada oportunidad e iba tras ella. Él tenía grandes habilidades; la mayor de ellas era que no tenía miedo a emprender, lo cual es de gran valor en una persona. Hoy día, mi padre está retirado y sigue con esa chispa de conversador con sueños por cumplir. Te he contado pocas anécdotas de mi padre el vendedor superhéroe; en algún otro momento escribiré más sobre ello. Ahora, quiero concentrarme en el siguiente ejercicio:

Cada vendedor representa, para el equipo de ventas, un héroe con ciertas características, habilidades y fortalezas de mucha utilidad para alcanzar las metas establecidas en la empresa. Los gerentes o encargados de los equipos, ante una necesidad particular de un cliente, pueden identificar cuál de sus vendedores tiene la capacidad o destreza específica para manejar una situación en particular, garantizando así un servicio de excelencia. Bajo esta premisa, puedo comparar a los vendedores con los superhéroes, ya que son llamados para atender algún tipo de situación que, en algún lugar, necesita ser resuelta.

Demos una mirada al pasado y analicemos varios ejemplos de cómo un grupo de superhéroes eran llamados a salvar el mundo.

Empecemos con Los 4 fantásticos

Son la primera familia del Universo Marvel. Cuatro superhéroes que poseen cada uno poderes y habilidades distintos. Eso los hace un equipo unido y con un propósito claro: defender las regiones inexploradas del universo y enfrentar el mal en donde lo encontraran.

El equipo se compone de:

- *Sr. Fantástico (Reed):* un científico que puede estirar, girar y redimensionar su cuerpo a proporciones sobrehumanas.

- *Mujer Invisible (Susan, esposa de Reed):* tiene la capacidad de doblarse y manipular la luz para hacerse invisible en ella.

- *Antorcha Humana (Johnny, hermano menor de Susan):* posee las habilidades de controlar el fuego y de volar.

- *La Cosa (Ben, el mejor amigo de Reed):* fue transformado en un monstruoso humanoide con personalidad brusca y con súper fuerza.

Cada personaje, al igual que un grupo de ventas, posee cualidades que los distinguen y logran formar un equipo de fuerza y estrategia para un fin común.

Cada uno de nosotros, los vendedores, debemos reconocer las fortalezas y habilidades que nos caracterizan en las salas de ventas. Cuando somos capaces de conocernos en el ámbito laboral, formar parte de un equipo de ventas tiene más sentido, ya que entendemos que todos somos uno y que nuestro propósito es ser superhéroes en medio de una gran demanda de servicio constituida por clientes con necesidad de compra.

Los AVENGERS

Quizás *Los 4 Fantásticos* son poco conocidos para ti y lo puedo entender. Hoy, en tiempos modernos, existen varios grupos de superhéroes que, al igual que estos cuatro, tienen la responsabilidad de salvar al universo de cualquier amenaza. Entre ellos, están los *AVENGERS*.

Los Vengadores (*The Avengers*) nacen en 1963 de la mente de Stan Lee y Jack Kirby. A través del tiempo, este grupo de superhéroes fu evolucionando hasta llegar a la pantalla grande. Ahora creo que podemos entendernos mejor, ya que los *AVENGERS* son más reconocidos, tienen trasfondo e historia que tú conoces o, al menos, son más fáciles de buscar.

A continuación, te mostraré un ejercicio donde podrás comparar las habilidades de cada superhéroe con las de un vendedor, creando sus perfiles de acuerdo con las características que los identifican.

Imagina que algunos personajes de los *AVENGERS* formaran parte de un equipo de ventas.

Bien, el marco seria así:

El hombre de hierro (Iron man)

Este vendedor posee unas características muy interesantes. Es el tipo de vendedor con buena base económica, que toma muy en serio el área de economía, tiene un buen perfil de crédito, sigue recomendaciones financieras al pie de la letra, ahorra e invierte.

Es reconocido por su inteligencia y educación. Como vendedor, trabaja de la mano con la tecnología. Es el rey de las redes sociales y de los programas de prospección y seguimiento. Siempre recibe clientes por referido, con los cuales crea una tremenda relación y establece una especie de red de lealtad. Es muy organizado y lleva registro de ingresos y gastos. Le gusta informar mucho a su cliente, incluso cuando no es necesario.

Su dinámica con el cliente es de mucha energía, alegría y risas sin parar; de esta forma, crea un buen *rapport* y sintonía. Tiene muy claro que hacer reír al cliente ayuda a bajar los niveles de miedo y estrés de la venta. A este vendedor le gusta ser el centro de atención y, con su dinámica, busca ser escuchado.

Es el tipo de vendedor difícil de olvidar, ya que refleja un espíritu de transparencia y de gran calidad de ser humano. Su apuesta para cerrar negocios es su buena atención.

Entiende que, al crear una tremenda dinámica con su cliente, tendrá mejor posición para cerrar.

En ocasiones, es envidiado por sus compañeros y hasta criticado; aun así, este vendedor no se desconcentra de su objetivo y mantiene una actitud positiva ante la crítica. Su compromiso con la empresa es muy importante para él.

Cumple con los horarios y las políticas al pie de la letra. Al ser un buen prospectador, programa sus citas en horas del día, así no tiene que quedarse a trabajar horas extras. Para este vendedor, su tiempo libre es muy importante: le gusta viajar y conocer el mundo. Como vendedor, no se le considera parte de alianzas entre compañeros. Es una especie de superhéroe que posee su propia órbita.

Capitán América

Un vendedor Capitán América es aquel que posee grandes características de liderazgo y gran influencia entre los demás vendedores. Es el que tiene muy presente todas las normas de la empresa, las pone en práctica y hace valer las mismas ante todos sus compañeros. Es un vendedor moralista que, en ocasiones, tiende a ser posesivo.

En cuanto a las ventas, no es el que más que brilla; aun así, es consistente con la cuota establecida por la empresa. Un vendedor Capitán América es un vendedor que, en su interior, es una persona abatida por las experiencias de la vida, que ha sufrido y luchado por lo que tiene.

En su rol de ventas, es muy conocedor de la marca a la cual representa. Logra captar la atención de su cliente por ser consumidor de su producto y lo describe con pasión y satisfacción; sin duda, es una gran cualidad. Este vendedor siempre busca la aprobación de su supervisor. Incluso desea llevar esta relación laboral al ámbito personal, lo cual genera conflictos entre los demás compañeros, pues suelen confundir esa intención con ansias de ganar favoritismo.

Su mayor apuesta para cerrar negocios es la autoconfianza. Buena actitud, aunque, en ocasiones, no es la de mayor éxito, ya que la creación de bases de confianza con el cliente no es su mayor habilidad.

Este vendedor utiliza las redes sociales solo lo necesario, olvidando que esta herramienta es sumamente importante para crear una marca personal. No considera la actualización de sus conocimientos, pues entiende que con la experiencia adquirida es suficiente.

 **Thor**

Un vendedor con estas características es común en cada equipo, Thor es el vendedor que era estrella en su empleo anterior. Es como una especie de promesa que debe luchar cada día para mantener esa imagen de estrellato.

Su poder no es de este grupo, mas goza de ser un poco desentendido. Este vendedor trabaja por sus propias luchas y, en ocasiones, cuesta trabajo saber sus intenciones. Tiene un gran carácter y se rige por su propia doctrina, aunque es consciente de que debe seguir las políticas establecidas por la empresa, las cuales se le deben recordar continuamente.

Thor, como vendedor, es algo serio con sus clientes. Su apuesta para cerrar negocios es su actitud inquebrantable y su muestra de seriedad ante cualquier pregunta o duda que un cliente le presente.

Este vendedor no sonríe mucho con el cliente, ya que entiende que ser muy sonriente no le ayuda a crear confianza. Cuando siente que pierde la venta, se torna algo agresivo para, según él, captar la atención de su cliente.

Un vendedor Thor piensa que su apariencia física debe ser de atleta, con corte militar. Su vestimenta con detalles de realeza es, para él, su mayor orgullo. Es poco probable que atienda un cliente si se acerca la hora de almuerzo, pues es muy cuidadoso de su tiempo de descanso y alimentación. A la hora de cierre es el primero que se marcha, sin importar las consecuencias. Como escribí al principio, es un vendedor común en cada equipo.

Hulk

El gran Hulk es un vendedor con súper características y habilidades, lo cual lo hace único en su clase. Cuando hablamos de fuerza, voluntad y carácter, este vendedor está en la lista *top*.

Un vendedor Hulk es un tipo de arma secreta que genera pasión entre el grupo de vendedores. Hulk posee cualidades de gran fortaleza en el área de cierre. Es muy intuitivo y le gusta cazar al cliente, su presa. Su creencia es que, para vender, hace falta ser dominante y contundente.

Su apuesta de cierre es su tono de voz y el dejar pasar de largo los sentimientos que un cliente pueda sentir en algún momento del proceso de la venta. Piensa *"Yo, aquí, vine a vender"*.

Este vendedor crea una atmósfera de ganador pues, en cierta forma, lo es. Ahora, como todo superhéroe, tiene debilidades: algunas de ellas son el no ser empático, la creación de *rapport* y la escucha activa como herramienta poderosa de cierre.

Como vendedor, Hulk invierte el mayor tiempo posible para acaparar la mayor cantidad de clientes. Esta práctica es desgastante, ya que supone estar más horas trabajando y menos horas descansando o disfrutando de su tiempo libre.

Cuando nuestro fuerte es ser muy agresivos, la tendencia siempre será atender más y trabajar más, ya que solo lograremos cerrar ventas en el sector de los clientes impulsivos o con baja autoestima.

El vendedor Hulk siempre necesita repasar los principios de inteligencia emocional, entre otras competencias. Este vendedor de gran fuerza, que en pocas ocasiones verás cansado, no cuida muy bien su salud. Le gustan las fiestas a cualquier hora del día y compra todo lo que le gusta. Utiliza su dinero como medio de terapia y así logra conseguir algo de paz interior.

La Visión

Este vendedor es muy pintoresco y popular. Es el que todo lo sabe; no importa el tema, él es el más capacitado para aportar referencias.

Este vendedor suele ser poco sociable. Hasta su mirada es un poco rara y casi nunca se sabe qué piensa. Se lo puede considerar como un lobo solitario. En el área de ventas, siempre tiene una contestación al cliente. Sin importar que de ello dependa la venta, él contesta según sus creencias o principios.

Un vendedor Visión es, en ocasiones, el que menos que habla o coopera. Cuando menos lo esperas, irrumpe en reclamos y llama a la desobediencia laboral. Su apuesta al cierre de ventas es el destino y si el viento sopla a su favor venderá. Maneja poco las objeciones del cliente, pues entiende que la venta, cuando se va a dar, se da.

Por lo general, este tipo de vendedor es el eterno viajero que va de empresa en empresa y de entrevista en entrevista, buscando ese avatar utópico.

Todos estos vendedores superhéroes poseen grandes cualidades y características que los posicionan entre los mejores en sus respectivos mercados de venta. Sin duda, no todos tienen todas las características o habilidades al 100 % como herramientas de cierre.

Tú, como lector y vendedor, tienes la oportunidad de crear tu propio personaje tomando en consideración este despliegue de habilidades de cada uno de los vendedores *AVENGERS*. Solo tú puedes analizar, según tu propia realidad, que áreas puedes mejorar y en qué área necesitas más práctica.

El propósito de este ejercicio es que puedas crear un **SÚPER AVENGER VENDEDOR** y apliques todo este conocimiento a tu propio ambiente de venta. La idea es que te conviertas en un vendedor con características centradas en resultados exitosos y sostenibles y que logres ser una persona feliz y realizada haciéndolo.

6

PRINCIPIOS Y REGLAS *DE* VENDEDORES

Cómo ser más seguro de sí mismo en ventas

Con seguridad alguien te ha dicho que no eres capaz de alcanzar tus metas, llenando tu corazón de miedo y rechazo. No debes sentirte de esa forma, ya que podría costarte la pérdida de oportunidades laborales. Para que esto no suceda, te regalo cinco consejos para aumentar la autoconfianza y creer más en ti.

5 consejos para aumentar la autoconfianza y creer en ti

1. **Autoeficacia:** es sentir la capacidad de poder lograr lo que te propongas. Cultiva este pensamiento pensando en lo que has alcanzado en el pasado. Te recomiendo contratar un coach o mentor, quien podrá ser tu

acompañante para llegar a tu meta propuesta. Siempre recuerda que, si alguien más lo logró, tú también puedes.

2. **Aumenta la confianza:** si tomamos acción, no te limites. Sé la mejor versión de ti mismo; enfrenta los miedos, trabájalos y con seguridad podrás convertirte en un súper vendedor.

3. **Elimina las dudas de tu vida:** debes tener claro tus objetivos, tu norte. Establece un plan con metas claras y alcanzables. Ten presente que el camino no es fácil y requiere de sacrificios. Tus acciones deben ir en concordancia con tus promesas a cumplir.

4. **No te compares con nadie:** cada uno de nosotros somos un Ser diferente y con desafíos únicos. Solo debes compararte con tu versión anterior. Cuando un colega vendedor logra alcanzar una meta, felicítalo y que su éxito sea inspiración para ti.

5. **Rodéate siempre de personas positivas:** sé parte de los profesionales que buscan soluciones, no excusas. Que cuiden y respeten su cuerpo y mente, que les guste compartir sus experiencias y que sean personas de buen corazón.

Los 5 pasos matutinos para comenzar tu día con éxito

Definitivamente, lo primero que haces al levantarte será de gran influencia en tu día. ¿Te ha pasado que te levantas con una canción y estás todo el día cantándola? ¿Que ves una noticia negativa y la comentas durante horas con todos los amigos? Para generar buenos pensamientos, debes crear un tiempo para ti. Esta rutina mejora tu rendimiento personal y laboral, además de mantenerte motivado. Busca un espacio adecuado de intimidad contigo mismo y sigue esta guía de pasos para comenzar tu día con éxito.

Paso 1: 5 minutos de silencio

El silencio te ayuda a canalizar tus pensamientos, produce paz mental y ayuda a la concentración y enfoque.

Paso 2: 5 minutos de afirmaciones

Las afirmaciones son una gran herramienta y ayudan a la motivación, además de desarrollar una mentalidad positiva. Afirma la presencia de Dios en tu vida, agradece su amor y bendiciones. Afirma: *"Puedo lograr mis objetivos"*. Afirma: *"¡Tengo el control para lograr mis metas!"*

Paso 3: 5 minutos de visualización

Visualiza tu vida tal y como la quieres. Imagina un cliente complacido y cerrando un negocio. Vamos... ¡este es tu momento!

Paso 4: 20 a 30 minutos de ejercicios

Lograrás claridad de pensamiento, ayuda para la concentración y enfoque, liberarás tensiones y fortalecerás tus músculos. Llénate de energía y ánimo.

Paso 5: 20 minutos de lectura

Siempre es bueno educarse y aprender de aquellos que ya han alcanzado sus metas. Busca tu tema favorito. Te recomiendo leer al menos diez páginas diarias; crearás un hábito importante para tu intelecto.

Los accesorios que roban la atención de tu cliente

En ventas, es muy importante mantener al 100 % la atención de tu cliente. Por más buena que sea la presentación de tu producto, existen elementos que logran distraer lo suficiente para no cerrar la venta.

Conectar es mantener a tu cliente en control. Para lograrlo, te escribo varias sugerencias básicas que puedes manejar fácilmente.

1. *Accesorios llamativos.* No se recomienda usar colores llamativos en tu ropa y mucho menos en cadenas o pulseras. Estos te roban la atención del cliente y podrían ser hasta ofensivos. Mientras tú tratas de hacer tu mejor presentación, la mente del cliente está pensando en esos colores radicales y no prestan atención a tu intento de venta. Usa accesorios de colores simples: grises, blancos o negros. Estos no son tan llamativos y evitan la distracción.

2. *Gafas de sol.* Este accesorio es de uso frecuente entre vendedores al momento de orientar al cliente. Su utilización es y será un error, ya que no permite crear esa conexión directa y emocional que se logra a través del contacto visual. El uso de gafas de sol en el proceso de venta afecta a la confianza que necesitas establecer para lograr vender tu producto.

3. *Teléfono móvil.* Evita largas conversaciones en tu móvil frente a tu cliente. Sin duda, esta acción será nefasta y se podría considerar una falta de respeto. ¿Qué puedes hacer si recibes una llamada de un

cliente mientras estás atendiendo a otro cliente? Primero, pide permiso a tu cliente y menciona que serás muy breve. Al contestar, le indicas al cliente telefónico que estás en medio de una negociación y que, si te permite, lo llamarás luego. Esta forma será muy efectiva y crearás una mejor imagen de ti para ambos clientes.

No solo de persuasión vive un vendedor

Si bien sabemos que vivimos una era en la cual hay que aplicar mucho más que la intuición para lograr captar la atención de un cliente, las técnicas de mayor resultado suelen ser las que van dirigidas a las emociones. He conocido a vendedores que creen que con tan solo persuadir al cliente es suficiente para lograr cerrar una venta. Lo interesante es que, al analizar su porcentaje de cierre y efectividad, este está muy por debajo en comparación con vendedores que aplican técnicas más efectivas. Si solo tratas de convencer a tu cliente a través de las técnicas de persuasión, con toda confianza te puedo decir que no estás aportando valor a tu proceso y menos a tu cliente.

Persuadir a un cliente se considera como la capacidad o habilidad que un vendedor tiene para cambiar la actitud o comportamiento de un cliente, persona o grupo hacia una idea, objeto o persona a través del uso de palabras, sentimientos o razonamientos.

Un gran porcentaje de los clientes que atendemos llegan a nuestra sala de ventas con gran conocimiento del producto, alternativas de financiamiento y valores comparables de la competencia. En ocasiones, saben más de nuestro producto que nosotros. Es por tal razón que, si deseamos permanecer en la industria de las ventas, estamos obligados a mantenernos en constante estudio del mercado y conocer las nuevas tendencias de venta.

A continuación, te daré una lista de pasos que nunca debes olvidar al momento de interactuar con un cliente. Su no aplicación resulta imperdonable; de no hacerlo, seguramente perderás terreno con tu cliente.

1. Antes de presentar tu producto crea afinidad, identifica puntos en común, aprende su nombre, sonríe y, muy importante, formula una pregunta cuya respuesta sea un Sí. Una primera respuesta en positivo de tu cliente envía al cerebro una señal poderosa de aprobación y confianza.

2. Pide permiso para comenzar tu proceso de venta. Cuando un cliente lo otorga, le es más fácil contestar tus preguntas y brindarte datos personales o explicaciones de su pasado para conseguir una aprobación de financiamiento.

3. Valida cada paso del proceso con tu cliente. Por ejemplo, si vas a buscar algún documento o consultar con tu supervisor, integra a tu cliente en esa gestión explicándole lo que vas a hacer y por qué. Esta acción no permite que tu cliente se sienta perdido en el proceso y siempre estará claro que lo haces por él.

4. Pregunta si existe otra persona que tenga poder decisional. Como vendedor, debe estar claro si la

inversión de tiempo y procesos está en los oídos correctos para un potencial cierre.

5. Orienta, orienta y orienta. Los clientes necesitan orientación para calmar sus miedos, dudas y saber si el producto que desean es el que necesitan.

6. Formula preguntas de cierre. Las preguntas de cierre son las que te indican cuán efectivo ha sido tu proceso de venta ante un escenario de cierre. Un cliente satisfecho con tu orientación contestará afirmativamente su compromiso de compra.

Sé un vendedor difícil de olvidar

En un mundo lleno de ofrecimientos, comercios por todos lados y una infinidad de opciones para adquirir el producto que se desea, el vendedor necesita impactar al cliente de una manera inteligente y permanente en el momento de mostrar su producto. Es cierto que existen muchísimos vendedores que hacen lo mismo que tú. Ahora, ninguno es como tú; eres único e irrepetible.

Si deseas obtener un éxito sin precedentes y ser siempre recordado por tus clientes, sigue al pie de la letra las siguientes recomendaciones para que te conviertas en un vendedor difícil de olvidar:

1. *No seas uno más.* Ser auténtico te hace único y permite que el cliente te recuerde aun no comprando en el momento. No finjas acentos o posturas en las que no creas. Sonríe mucho y sé agradecido por la oportunidad de servir y orientar.

2. ***Nunca uses gafas de sol cuando estés con un cliente.*** Permite que tu cliente te vea directamente a los ojos, así crearás una conexión emocional y aumentarás el nivel de *rapport* y las bases de confianza.

3. ***Habla visualizando.*** Seduce el cerebro de tu cliente con verbos que lo lleven a la acción, que se sientan con el producto en su casa sin haber cerrado la negociación.

4. ***Nada de "Usted".*** Acelera la conexión con tu cliente; dirígete por su nombre o apodo y en los próximos cinco minutos pregunta si lo puedes tutear. Este paso te ayudará a ser más efectivo y a conseguir un cierre, ya que el cerebro del cliente sentirá más tranquilidad y afinidad.

5. ***Sirve primero, vende después.*** Identifica la necesidad de tu cliente, escucha atentamente y clarifica sus dudas. Sé empático y ofrece un servicio personalizado y de calidad.

6. ***Utiliza la pausa inteligente.*** No hables como un papagayo, sin control. Todo cliente necesita procesar la información, analizar sus posibilidades y opciones. Al generar una pregunta poderosa o de cierre, haz una pausa y espera una respuesta o una objeción. Así podrás manejar profesionalmente el proceso de negociación.

7. ***Véndete primero.*** Para vender un producto o servicio es importante sentirte feliz contigo mismo, valorarte y confiar en tus capacidades. Tu proyección es

importante; cuando eres feliz, te vendes mejor a tu cliente.

La mentalidad de un gran vendedor

Mentalizar tu carrera de ventas y tus acciones de éxito son un gran paso para comenzar a alcanzar tus metas. Cada día tienes la oportunidad de aprender y cultivar cada acción positiva que realices a favor de tu futuro.

A continuación, conocerás la mentalidad que poseen los vendedores con grandes resultados en su vida personal y laboral:

- ✓ La principal razón del éxito es que lo desean con todo su corazón y lo consideran como una decisión primordial.

- ✓ Los grandes vendedores se esfuerzan más que los demás, estudian y conocen su mercado, se desarrollan, buscan mejorar sus técnicas continuamente, aprenden de sus errores y buscan mejorar su SER.

- ✓ Un gran vendedor se considera siempre un aprendiz, una persona en continuo proceso de construcción.

- ✓ Practican la autocrítica y no temen de hablar de sus errores.

- ✓ Los vendedores excelentes saben de la importancia del tiempo y aprenden a manejarlo organizadamente a través de una agenda.

- ✓ Poseen una actitud positiva e inquebrantable.

✓ Sus niveles de autodisciplina son altos y les permiten llegar a sus metas constantemente.

✓ Los grandes de las ventas siempre tienen un plan establecido.

✓ Su visión es a largo plazo, son éticos y buscan relaciones duraderas con sus clientes.

✓ Son personas confiables que cumplen sus promesas con sus clientes, pues saben que es la mejor forma de generar nuevos prospectos.

✓ Los grandes vendedores son éticos y fomentan el respeto en los procesos.

7

EXPERIMENTO: socializando las herramientas de coaching a un grupo de vendedores y obteniendo su retroalimentación

Desarrollo del experimento

En una mesa redonda con cinco vendedores -entre ellos, dos mujeres y tres hombres- iniciamos una conversación sobre los siguientes temas:

a) Qué es el Coaching
b) Presentación y realización del Eneagrama de Vida*
c) Presentación y realización de Eneagrama Laboral
d) Dinámica y realización de la Frase de Empoderamiento* personal y laboral
e) Presentación y realización del método FODA*
f) Sesión de preguntas y respuestas sobre las dinámicas

Carlos Vera

Retroalimentación de los vendedores

A través de cinco preguntas, los vendedores contestaron sobre su experiencia acerca de los ejercicios realizados. Esta dinámica se llevó a cabo el día de la semana en el que todos los vendedores disfrutaban de su día libre (martes) y tuvo una duración de 5 horas. A continuación, las preguntas y sus respuestas.

1- ¿Cuáles de las herramientas discutidas y realizadas aplicarías a tu vida y por qué?

a. Me llamó mucho la atención la frase de empoderamiento personal, ya que he atravesado muchas situaciones difíciles en mi vida donde no me he valorado como mujer.

b. El eneagrama, sin duda; es la primera vez que me autoevalúo. También el método FODA me ayudó a trabajar con las oportunidades. En términos generales, me gustó todo. Te deseo mucho éxito, Carlos.

c. Me parece muy interesante todo, no imaginaba que este tipo de ejercicios tenían tanto poder en uno. Me confundí un poco en la eliminación de las siete características de lo que vi en el eneagrama, pero al final fue productivo.

d. De todas, el FODA. Clarifiqué mis fortalezas y determiné las oportunidades. Wow, se veía algo sencillo al principio, pero luego generó gran impacto en mí.

e. *¡¡¡Las aplicaría todas!!! Claro, con un coach. Me considero muy insegura de toda la vida y hoy pude reconocerlo. Ahora, a trabajar en ello.*

2- ¿Deseas capacitarte con estas herramientas?

a. *Con toda honestidad, sí. Entiendo que hay más por hacer en mi vida personal y profesional; soy madre, esposa y deseo seguir aprendiendo.*

b. *No solo a mí, sino también a mis hijas, que son adolescentes.*

c. *Me gustaría explorar más estas dinámicas, estoy seguro de que son buenas.*

d. *¡Claro! ¿Cuándo empezamos?*

e. *Me gustaría considerarlo. Entiendo que sí; sé que será bueno para mi vida.*

3- ¿Crees que con estas herramientas lograrás mayor éxito en ventas?

a. *Considero que sí, la parte del eneagrama de vendedores es muy completa. Y sé que ayuda a mejorar mis capacidades profesionales.*

b. *Sin duda alguna, me siento empoderado.*

c. *Claro que sí, totalmente.*

d. *Hoy he reconocido cualidades en mí que ni siquiera sabía que existían, ¡sí!*

e. *Sí, aunque en mi caso empezaría en el área personal.*

4- ¿Podrás diferenciar entre estrategias actuales y las que ofrece el coaching?

a. *Hoy aprendí el autoanálisis y que las respuestas están en mí. En la actualidad, solo trato de lograr mis metas con las herramientas que tengo.*

b. *Hay diferencias y entiendo que son en cómo lo hago. El coaching es como una guía estructurada, los pasos están para mejorar.*

c. *Sí, el coaching es más organizado y, por lo que aprendí hoy, es como un reto donde no estás solo. Esa es la diferencia que veo.*

d. *Cuando hay reuniones de ventas se habla de metas, anuncios y recomendaciones para mejorar. Con el coaching, la dinámica es más directa en cuanto a evaluación, confrontación de la realidad y estrategias a mejorar.*

e. *Con lo que he aprendido hoy, sí hay diferencia. Si soy mejor persona venderé más, pues si me siento mejor conmigo misma, podré concentrarme mejor en mi trabajo y en los resultados. Las herramientas de hoy tienen menos estructura.*

Participantes del experimento

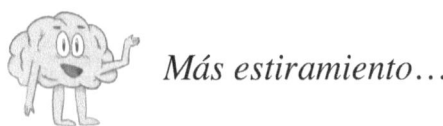 *Más estiramiento…*

En esta ocasión, te invito a reflexionar:

¿Crees que puedes mejorar en lo que haces?
¿Sientes que puedes convertirte en la mejor versión de ti mismo?

¿Te consideras un profesional oxidado o frustrado?

¿Cuándo fue la última vez que te felicitaste por un triunfo laboral?

No seas duro contigo. Sé que puedes mejorar y convertirte en la mejor versión de ti y convertirte en un Súper Profesional sin importar la edad, ¡vamos! Te invito a que celebres cada triunfo que alcances. Por pequeño que sea, es un triunfo y de esto se trata: de que vendas y seas feliz haciéndolo.

Los 30 pensamientos poderosos para el mes

Aquí te entrego una recopilación selecta de pensamientos, conceptos y consejos de poder, motivación y empoderamiento de grandes empresarios y personas de alta influencia en el campo de las ventas. Puedes integrarlos a tu agenda diaria como parte y estructura de las cosas por hacer. Cualquiera sea tu especialidad en ventas, hay una gran enseñanza en cada pensamiento. Te invito al crecimiento de tu Ser. Expande tu pensamiento y vuela a través de la transformación personal y laboral.

1. *"El primer mandamiento de las ventas es: "Mantén una actitud positiva".*

Andrés Mugir

2. *"Hacer negocios es como montar una bicicleta. Te tienes que mantener en movimiento para no caer".*

Frank Lloyd

3. *" Las ventas dependen de la actitud del vendedor, no de la aptitud del prospecto".*

William Clement

4. *"Pretende e imagina que cada persona que conozcas tiene un letrero colgando que dice:*

"Hazme sentir importante".

Mary Kay Ash

5. *"La confianza en sí mismo es el primer secreto del éxito".*

Ralph Waldo

6. *"Conviértete en la persona que atraiga los resultados que buscas".*

Jim Cathcart

7. *"Tu actitud, no tu aptitud, determina tu altitud".*

Zig Ziglar

8. *"No se trata de tener las oportunidades correctas, se trata de manejar las oportunidades correctamente".*

Mark Hunter

9. *"El 90 % de las ventas es por convicción y el 10 % por persuasión".*

Shiv Khera

11. *"La mayoría de las personas piensan que "vender" es lo mismo que "hablar", pero los vendedores más efectivos saben que "escuchar" es la parte más importante de su trabajo".*

Roy Bartell

11. *"Haz un consumidor, no una venta".*

Jaththerine Barchetti

12. *"Cuando no puedas cerrar una venta, intenta abrir una relación".*

Patricia Tripp

13. *"Establecer metas es el primer paso para convertir lo invisible en visible".*

Tony Robbins

14. *"No intentes convertirte en una persona de éxito, mejor intenta convertirte en una persona de valor".*
Albert Einstein

15. *"La excelencia no es una habilidad, es una actitud".*
Ralph Marston

16. *"El miedo es el destructor de sueños y el asesino de las ambiciones".*
Jeffrey Benjamin

17. *"La innovación es lo que distingue a un líder de un seguidor".*
John Wooden

18. *"Toma riesgos; si ganas serás feliz, si pierdes serás sabio".*
Anónimo

19. *"Nunca permitas que lo que no puedes hacer te impida hacer lo que puedes hacer".*
John Wooden

20. *"El liderazgo es acción, no posición".*
Donald Mcgannon

21. *"El fracaso derrota a los perdedores e inspira a los ganadores".*

Robert T Kiyosaki

22. *"Tus clientes más satisfechos son tu mayor fuente de aprendizaje".*

Bill Gates

23. *"La motivación es lo que te hace empezar, el hábito es lo que hace continuar".*

Jim Ryum

24. *"Duda y perderás".*

Mel Brooks

25. *"Lo que hagas, hazlo tan bien que ellos quieran verlo otra vez y traer a sus amigos".*

Walt Disney

26. *"Todo lo que quieres está afuera de tu zona de confort".*

Robert Allen

27. *"Todo el mundo vive de vender algo".*

Robert Louis Stevenson

28. *"El miedo es el asesino del crecimiento".*

Gary Vaynerchuk

29. *"Para saber lo que la gente realmente piensa, preste atención a lo que hacen más que a lo que dicen".*

René Descartes

30. *"Trate de que la experiencia de la marca supere la percepción que se tiene de ella".*

Stan Rapp

Mi propio pensamiento poderoso...

"El éxito llegará a tu vida en la medida en que trabajes primero con tu Ser. Podrás tener todos los talentos del mundo; aun así, lograrás resultados limitados. Lleva tu vida al máximo nivel y obtendrás el éxito laboral en todo lo que te propongas".

Carlos Vera

8

LA ÉTICA DEL VENDEDOR

La ética estudia la moral, determina el buen proceso y cómo se debe actuar. Cuando hablamos de la ética de un vendedor, me refiero a la conducta que este representa en función de ser la cara de la empresa para la que trabaja en la transferencia de un bien o servicio.

Aquí te presentaré cuán importante es la ética de un vendedor. Pero antes, vamos a definir lo que es venta.

Venta: acción y efecto de vender. Cantidad de cosas que se venden. Contrato en virtud del cual se transfiere al dominio ajeno una cosa propia por el precio pactado.

Vendedor: persona que actúa a nombre de una empresa para vender determinado bien o servicio. Esta persona puede trabajar por su cuenta o en equipo y recibe remuneración por su trabajo.

Tipos de vendedores

✓ Vendedor de piso o mostrador
✓ Ejecutivos de venta
✓ De casa en casa o de puerta en puerta
✓ Vendedor *merchandiser*
✓ Vendedor telefónico

Principios de ética del vendedor

Estos principios se aplican a cualquier situación para garantizar la transparencia y calidad de servicio.

1. Utilizar un enfoque honesto y nunca inventar una respuesta.
2. Poner los intereses del cliente a la altura de los del vendedor.
3. Evitar el engaño.
4. Nunca atacar a sus competidores.
5. Mantener la integridad aún después del cierre.

Por qué es importante la ética del vendedor

Los vendedores son quienes representan a una determinada empresa. Son la cara de esta y deben generar gran empatía y buen trato al cliente que visita la empresa contratante. Los vendedores deben mantener y desarrollar una relación a largo plazo con el cliente para recibir referidos y brindar la posibilidad de que el cliente le compre nuevamente otro producto.

Beneficios que representa la conducta ética en un vendedor

1. Sentido de satisfacción propio, en adición de bajar los estresantes niveles de ansiedad que puede generar una venta.

2. Desarrollo de confianza y compromiso de parte del cliente y a la empresa contratante.

El vendedor es una figura muy importante en una empresa. Su buen desempeño logra que clientes refieran a otros y se conviertan en clientes habituales. El vendedor siempre está llamado a dar el mejor servicio, trato y orientación.

CONCLUSIONES

Ventas es una carrera con alta demanda en el mundo. Está llena de retos y de sacrificios que implican largas horas de trabajo, múltiples situaciones que se encuentran cada día en las salas de venta. Es una oportunidad para ganar grandes cantidades de dinero y viajar por todo el mundo a través de los incentivos por volumen de ventas.

En comparación con otras profesiones, la carrera de ventas no requiere de estudios especializados o títulos universitarios. Las ventas son un mundo de oportunidades y también de situaciones para las que, muchas veces, los vendedores no tienen las herramientas necesarias para lidiar con ellas. Situaciones que implican un mejor dominio de las emociones, control del tiempo y distribución de tareas para minimizar esfuerzos.

Los resultados varían: mientras más vendes, más ganas; mientras más ganas, más quieres ganar; mientras más quieres ganar, mayor será el tiempo que debes dedicar a la venta; mientras más tiempo dedicas a las ventas, más se ven afectadas tus relaciones familiares. Cuando llegas a este punto, entras en un problema. Bajas los niveles de productividad y si esto sucede, enfrentarás ahora dos problemas: uno personal y otro laboral.

Aquí, exactamente aquí, es donde el coaching entra en acción. El coach es quien acompaña tu camino desde el punto en donde estás hoy hasta el punto al que quieres llegar. Si te identificas con esta analogía de vendedores con múltiples retos y situaciones, te recomiendo *Coaching para tu Ser*. Si quieres trabajar en tu vida desde el hoy para proyectarte hacia un mejor mañana, el coaching es para ti. Si deseas trabajar con diferentes áreas personales, tales como las creencias que te limitan a triunfar y ver la vida desde otra perspectiva, el coaching es para ti. Si te resulta difícil gestionar tus finanzas y alcanzar tus metas, las herramientas del coaching te ayudarán a lograrlo.

El coaching trabaja primero con el Ser, luego con el Hacer y el Tener. El coaching es la mejor alternativa para trabajar tus áreas de oportunidad. Todas las respuestas están dentro de ti; un coach, a través de preguntas poderosas, te ayudará al autoanálisis.

Existen herramientas diseñadas para tus necesidades, comenzando con el área de tu Ser, tu Yo interno y cómo resolver esa pregunta inicial de quién eres. El coach comenzará con ejercicios específicos, tales como:

- ✓ Eneagrama de Vida
- ✓ Frase de Empoderamiento
- ✓ Método FODA
- ✓ Aterrizaje Financiero
- ✓ Proyecto de Realización Personal

Estos ejercicios y otros son clave para la identificación de tu *Yo actual*, proyectándote hasta donde quieres llegar y un coach está preparado para acompañarte en tu viaje al éxito.

Desde muy joven, comencé en el campo de las ventas. En treinta años de experiencia en este fabuloso viaje de vivencias y aprendizaje he visto muchos rostros. El rostro de un vendedor frustrado por no saber manejar sus emociones, sus finanzas; mucho menos, sus relaciones personales.

He visto el rostro de vendedores con deseo de superarse, a pesar de las continuas derrotas. He tratado con vendedores de muy mal carácter, poco tolerantes, e incluso con vendedores que se han quitado la vida. He sido bendecido por haber conocido vendedores con grandes valores y extraordinario Ser. De todos he aprendido, de todos me llevo algo que me sirve como crecimiento personal.

Para finalizar el *UPDATE*, quiero resumir y concluir este libro con una frase que conlleva y recoge su base y fundamento y que movió mi voluntad.

"El éxito llegará a tu vida en la medida en que trabajes primero con tu Ser. Podrás tener todos los talentos del mundo; aun así, lograrás resultados limitados. Lleva tu vida al máximo nivel personal y obtendrás el éxito laboral en todo lo que te propongas".

Carlos Vera

REFERENCIAS

1. Betancourt, J. (2017). *COACHING PARA SER: una guía para la transformación personal*: CREATESPACE INDEPENDENT P. PP. 42-87.

2. Connor, L. & Lages, A. (2004). *Coaching con PNL: guía práctica para obtener lo mejor de ti mismo y de los demás*. Barcelona. Urano.

3. Goleman, D. (1995) *Inteligencia Emocional*. Kairós. Estados Unidos. PP. 11-13

4. Goldvarg, D. & Goldvarg, N. (2017). *Competencias de coaching aplicadas: con estándares internacionales*. Buenos aires, Granica. PP. 28-29-81-82

5. Miedaner, T. (2000) *Coaching para el Éxito*. Barcelona, Urano. PP. 23-24.

6. Philip Kotler, Auto. (2008) *Dirección de mercadotecnia*. 8tva ed., México Pearson. Pág. 17

7. O'Connor, J. Lages, A. (2004) *Coaching con PNL*. Ciudad Editorial.

Carlos Vera

ANEXOS

Resultado de la encuesta

Como parte de la elaboración de este libro se elaboró una encuesta, la cual fue contestada por noventa personas. Este paso tiene como propósito principal saber qué piensan estas personas en relación con el coaching, entre otros tópicos relacionados. Consta de cinco preguntas cerradas muy claras y directas.

Una encuesta es una investigación descriptiva en la que el encuestador recopila datos mediante un cuestionario ya diseñado, con el propósito de exponer el resultado sin modificarlo a través de una tabla gráfica.

Participantes: 90 personas

PREGUNTAS	SÍ	NO
¿Conoces el coaching?	82 personas 91,1 %	8 personas 8,9 %
¿Consideras que el coaching podría ayudarte a ser un vendedor de mayor éxito?	87 personas 96,7 %	3 personas 3,3 %
¿Consideras que las herramientas del coaching podrían ser útiles para obtener resultados en las ventas?	87 personas 96,7 %	3 personas 3,3 %
¿Estás dispuesto a vender desde el Ser?	72 personas 80 %	18 personas 20 %
¿Crees que te sentirías realizado con los cambios que propicia el coaching en las ventas?	84 personas 93,3 %	6 personas 6,7 %

Puntos para analizar

- **¿Conoces el coaching?**

  82 personas (91,1 %) de 90 contestaron saber lo que es el coaching, lo cual hace más fácil la respuesta de la encuesta, dado que el coaching es un tema muy conocido a nivel mundial. Solo 8 (8,9 %) personas contestaron No. Esto deja saber que aún hay trabajo por hacer. Es necesario que se exponga esta metodología para llegue a todas las personas, de modo que estas puedan acceder a nuevas oportunidades de transformación personal y laboral.

- **¿Consideras que el coaching podría ayudarte a ser un vendedor de mayor éxito?**

  87 personas (96,7 %) contestó que sí. Es cierto que las personas están conscientes sobre la importancia e impacto que el coaching tiene en el área laboral. Además, este se relaciona con herramientas poderosas para alcanzar las metas propuestas. Solo 3 personas (3,3 %) contestaron que no. Si comparamos con la pregunta anterior, el porcentaje negativo es mayor. Puedo interpretar que la mayoría de las personas encuestadas relacionan más el coaching con el éxito, además de ser una pregunta más directa y no abarcadora.

- **¿Consideras que las herramientas del coaching podrían ser más útiles para obtener resultados en ventas?**

Claramente establecido que el coaching está relacionado con el éxito. Un importante porcentaje contestó de forma idéntica a la pregunta anterior. Las herramientas del coaching son exitosas, pues las contestaciones salen de cada uno de nosotros. Cada persona sabe qué es lo mejor que puede hacer para alcanzar el éxito y abordarlo desde el coaching a través del coach, que acompaña al cliente del punto donde se encuentra hoy al punto donde quiere llegar. Es un paso fundamental.

- **¿Estás dispuesto a vender con el Ser?**
  72 personas (80 %) respondieron Sí y 18 personas (20 %) No. Aún con un porcentaje mayor, aquí podemos notar que no todas las personas creen que por ser una mejor persona puedan obtener mejores resultados en ventas. En esta área hay camino por recorrer, lo que considero un reto en mi carrera y aspiraciones a ser coach.

Cabe señalar que en esta encuesta no hubo forma de corroborar edad, preparación académica, profesión, sexo, religión, preferencias sexuales o cualquier otro recurso de medición.

Carlos Vera

.

ACERCA DEL AUTOR

 *Carlos Vera* nació en Puerto Rico. Comenzó en el área de las ventas a muy temprana edad. En 1990 tuvo su primera experiencia como vendedor y dos años después se inició en el fascinante mundo de la venta de automóviles. En la actualidad, se desempeña como gerente de ventas en uno de los concesionarios más prestigiosos de todo Puerto Rico.

Carlos es testigo de la evolución de esta industria, la cual le ha otorgado múltiples premios y reconocimientos. Entre ellos, ha sido galardonado como *"Top 10 Seller of Puerto Rico"* y *"Top Sales Manager of Puerto Rico"*.

Con tantos años de experiencia en el campo y su pasión por las ventas, obtuvo su certificación como *Coach Profesional Internacional* con el objeto de agregar valor a otros vendedores y también como una forma de encontrar el equilibrio personal y laboral en su área.

Contactos

Facebook: Carlos Vera
Instagram: Carlos Vera
Correo: info@carlosvera.net
Web: carlosvera.net

Carlos Vera